Lenguaje corporal

Dominio de la comunicación no verbal

(La increíble guía para entender la comunicación
no verbal)

Delfín Nieto

ISBN 978-1-989744-33-8

Este documento está orientado a proporcionar información exacta y confiable con respecto al tema y asunto que trata. La publicación se vende con la idea de que el editor no esté obligado a prestar contabilidad, permitida oficialmente, u otros servicios cualificados. Si se necesita asesoramiento, legal o profesional, debería solicitar a una persona con experiencia en la profesión.

Desde una Declaración de Principios aceptada y aprobada tanto por un comité de la American Bar Association (el Colegio de Abogados de Estados Unidos) como por un comité de editores y asociaciones.

Se establece que la información que contiene este documento es veraz y coherente, ya que cualquier responsabilidad, en términos de falta de atención o de otro tipo, por el uso o abuso de cualquier política, proceso o dirección contenida en este documento será responsabilidad exclusiva y absoluta del lector receptor. Bajo ninguna circunstancia se hará responsable o culpable de forma legal al editor por cualquier reparación, daños o pérdida monetaria debido a la información aquí contenida, ya sea de forma directa o indirectamente.

Los respectivos autores son propietarios de todos los derechos de autor que no están en posesión del editor.

La información aquí contenida se ofrece únicamente con fines informativos y, como tal, es universal. La presentación de la información se realiza sin contrato ni ningún tipo de garantía.

Las marcas registradas utilizadas son sin ningún tipo de consentimiento y la publicación de la marca registrada es sin el permiso o respaldo del propietario de esta. Todas las marcas registradas y demás marcas incluidas en este libro son solo para fines de aclaración y son propiedad de los mismos propietarios, no están afiliadas a este documento.

TABLA DE CONTENIDO

Parte 1

¿Qué es el Lenguaje Corporal?

A todos nos pasa

Sólo una pequeña parte de lo que decimos con nuestras palabras se trasmite al encontrarnos con otra persona (de acuerdo a lo investigado, menos del 5%). Es de vital importancia tener conocimiento (hasta cierto punto) que sabemos y controlamos nuestro lenguaje corporal.

Cuando las palabras no funcionan

Quien reciba el mensaje de nuestro lenguaje corporal tendrá una sensación difícil de explicar con palabras o no podrá probar que algo más fue realmente comunicado, pero que sí está ocurriendo. Todos nosotros habremos dicho en nuestro interior: 'Creo que no le agrado a esa persona' o 'Realmente no creo lo que se dijo'.

¿Somos conscientes?

Percibir este 'mensaje extra' se llama intuición y el lenguaje corporal juega un papel muy importante ya que nos envía mensajes acerca de la otra persona que podemos interpretar a un nivel intuitivo.

Necesitamos conocer primero nuestro propio lenguaje corporal, aprender acerca de este para poder reconocerlo en otras personas al igual que en nosotros mimos.

Lenguaje Corporal en profundidad

Ella entra en una habitación y cinco personas corren a saludarla.

Ella no está tan calificada para el trabajo como tu pero obtiene el puesto.

Ella no es tan inteligente ni atractiva pero parece que siempre la buscan para dar lecciones de negocios.

¿Cómo lo hace?

Ella tiene encanto, tiene la habilidad de que la gente la siga. También tiene una determinada actitud hacia sí misma, hacia otros y hacia el mundo. A las personas les gusta estar cerca de ella porque las hace sentir bien. Mostrando una perspectiva positiva, predisposición a ayudar, amistad, energía y cuidado hacia otros, ella es una ganadora.

El lenguaje corporal incluye movimientos de cierta parte del cuerpo, como asentir con la cabeza o levantar las cejas, tensión en todo el cuerpo o movimientos hacia arriba y abajo. No siempre es fácil asignar diferentes significados al lenguaje corporal porque involucra cierta interpretación subjetiva. Si alguien entró en la oficina y estaba frunciendo el ceño, podría interpretarse que estaba en un estado emocional negativo, pero que la mirada era totalmente no intencional.

La kinesia estudia los movimientos del cuerpo en la comunicación. Se estima que la parte verbal de la comunicación tiene menos del 35% de significado social en la conversación. El restante 65% tiene que ver con la comunicación no verbal.

Esto lleva a pensar que comprender la comunicación no verbal es muy importante.

Los movimientos del cuerpo y las posiciones pueden ser consideradas tanto reflexivas (involuntarias) o no reflexivas (voluntarias). Un movimiento reflexivo es la dilatación pupilar. El Dr. Edward H. Hess explicó en la convención de la kinesia que los estudios clínicos han demostrado que la pupila se dilata inconscientemente cuando los ojos ven algo placentero, excitante o movilizador. Los movimientos no reflexivos del lenguaje corporal son más difíciles de interpretar.

Parámetros para la interpretación del lenguaje corporal

El lenguaje corporal difiere de cultura en cultura. En Inglaterra, si cruzas los dedos estás diciendo "OK", pero en Estados Unidos si haces lo mismo estás diciendo "buena suerte".

Un buen ejemplo es tratar de simular un gesto y qué no hacer para que sea efectivo:

Mira una foto de ti mismo cuando has sonreído genuinamente y compárala con una en la que has tenido que posar y simularla. La razón es que tendemos a creer en destacados líderes políticos, actores brillantes, abogados de juicios importantes y super-vendedores es porque creen en sí mismos y esto sale a la luz en su comunicación no verbal.

Comprende tus señales

Vuélvete consciente en el modo en que

hablas y gesticulas; exhibe una buena postura.

Vuélvete consciente de tus modismos y hábitos nerviosos.

Vuélvete consciente de cómo estrechas la mano.

Vuélvete consciente de tu contacto visual.

Vuélvete consciente de cómo te comunicas.

Se natural... compórtate desde tu alma.

Parámetros guía

Cuantos menos movimientos de las manos y gestos del cuerpo hagas más poderoso e inteligente pareces.

Las personas que hablan con tono bajo y aquellos que hablan lentamente son percibidos como más poderosos y confiables.

Los líderes y poderosos acaparan más lugar que los demás, tienden a inclinarse hacia adelante con sus brazos y piernas relajados o un poco distendidos. Al ocupar más espacio aparentan hacerse cargo de la situación.

Los demás reconocen al líder porque este suele tener la mirada hacia arriba, y sus seguidores se acercan a esa persona antes que a cualquier otra.

Sonreír te hace parecer amistoso y más atractivo.

Lenguaje Corporal – Más que posiciones del cuerpo

El estudio del lenguaje corporal es mucho más que el estudio de cómo las personas mueven sus cuerpos. Algunos de los aspectos que necesitamos entender de la comunicación no verbal incluyen los siguientes ítems:

- Cómo se ubica el cuerpo.
- Cuán cerca están dos personas una de otra y cómo puede cambiar eso.
- Expresiones faciales.
- Cómo se mueven y enfocan los ojos.
- Cómo se tocan las personas a sí mismas y a otros.
- Cómo se conectan los cuerpos con objetos como lentes de sol, lapiceras, cigarrillos y ropa.
- Cómo respira y transpira una persona.
- Tipos de voz y otros sonidos que

pueden ser utilizados como parte de la comprensión de las señales no verbales.

Nuestros ojos son probablemente el aspecto más importante de nuestro lenguaje corporal. Cómo reaccionamos ante los ojos de otras personas – su movimiento, expresión y enfoque – y la reacción ajena ante nuestros ojos hace la diferencia con respecto a nuestra comprensión consciente e inconsciente de los demás. Se puede transferir mucho significado a través de una rápida y simple mirada.

Estos efectos han sido posiblemente parte de la experiencia humana y del comportamiento de los mamíferos por miles de años. Mucho de lo que experimentamos como comunicación no verbal reside en nuestro subconsciente. Es decir, no nos damos cuenta que estamos tomando estas señales como parte del mensaje que recibimos.

Aprender a pensar en términos de lenguaje corporal nos ofrece una increíble comprensión de nosotros mismos y de los demás. Puede ayudarnos en nuestro ámbito laboral y en nuestras relaciones interpersonales. Al tener una mayor consciencia, podemos alcanzar mayor autocontrol. Si comprendemos el lenguaje corporal, somos más capaces de mostrarle a otros lo que queremos decir acerca de lo que sentimos, la manera en que nos comportamos y lo que queremos alcanzar. Es muy difícil decir todo lo relacionado con el lenguaje corporal basados en la información que otorga este libro. Podrás leer más sobre el lenguaje corporal y el desarrollo personal en muchos sitios en Internet.

Qué hay que saber para comunicarse efectivamente

Los sentimientos importan

El lenguaje corporal es información que registramos y procesamos sin siquiera ser conscientes, algo que solemos perder de vista. No prestamos atención a señales valiosas que nos proporcionan las emociones y los sentimientos. Sin importar donde te encuentras dentro de este espectro de consciencia, mejorar esta comprensión del lenguaje corporal puede influir positivamente en tu vida profesional e interpersonal.

El dato básico es el siguiente: cualquier mensaje de comunicación no verbal tiene un significado, y el lenguaje corporal puede ser una fuente interminable para cualquier líder. Algunas veces es una señal de que no estás conectado, ya que tu lenguaje corporal contradice lo que estás diciendo; otras veces, te señala cuando un mensaje está siendo trasmitido efectivamente. En la mayoría de los casos, ser sensibles al lenguaje corporal puede ayudarnos a asistir a otras personas y construir relaciones interpersonales más fuertes.

Algunos clichés obvios:

1. Tu lenguaje corporal comunica todas las emociones que sientes.

2. Lo que tu lenguaje corporal me comunica es más preciso que lo que me dices, y habla más que tú. Las personas pueden decir lo que estás pensando o sintiendo antes de que hables. Tus

acciones pueden hablar tan alto que ahogan tus palabras.

3. Los empleados buscan las acciones del líder para encontrar significado y luego actúan en consecuencia.

4. Comprender el lenguaje corporal puede ayudar a los líderes a saber cuándo resuena su mensaje y también cuándo hace falta una aclaración.

5. Diferentes culturas, edades y géneros pueden asignar diferentes significados al lenguaje corporal, de manera que es importante considerar los tipos de personas involucradas.

Las señales que envías:

Para adquirir más consciencia acerca de cómo podría ser interpretado tu lenguaje corporal, graba en video y observa varias veces una sesión ensayada de tu próxima gran presentación. Evalúa con cuánta intensidad tu cuerpo refuerza tus palabras y considera qué señales puedes estar enviando:

• Autoconfianza – pararse o sentarse erguido, con los hombros hacia atrás y la cabeza en alto; haciendo contacto visual y sonriendo; enlazando las manos detrás de la espalda o ubicándolas en tu regazo.

• A la defensiva – brazos cruzados o entrelazados; piernas cruzadas con tobillos trabados; tamborileando con los dedos.

• Desacuerdo o respuesta negativa – responder moviendo o agachando la cabeza hacia el interlocutor, cruzando brazos, puños cerrados, dedos entrelazados en puño, rascando el arco de la nariz, sentarse con las piernas cruzadas.

• Inseguridad – pararse en pose de tijeras con los tobillos cruzados, sentado con las piernas entrelazadas, postura encorvada, contacto visual limitado, mantener la cabeza agachada, estrechando los brazos.

• Interés – consistente contacto visual, mantener la cabeza hacia adelante y erguida, inclinando el cuerpo hacia adelante, leve asentimiento de la cabeza, piernas dirigidas hacia el interlocutor y sonidos afirmativos.

• Nerviosismo/ Tensión – tocarse la cara, morderse los labios, rechinar los dientes, mascar chicle, brazos sobre el cuerpo incluyendo movimientos de buscar objetos o acomodarse la ropa y sostener objetos delante del cuerpo.

• Pensativo/ Evaluador – manos tocándose entre sí con los dedos, manos acariciando el mentón, tocarse o frotarse la nariz mientras se escucha, mentón sobre una mano con el brazo sobre el codo, cabeza inclinada hacia un lado.

Conocer y comprender el propio lenguaje corporal

Ya sea que te des cuenta o no, tu lenguaje corporal es un factor enorme responsable de cómo te relacionas con los demás y qué opinión tienen de ti. En muchas profesiones sobre todo en aquellas donde asistes a otros, las habilidades para escuchar son un deber además de ser muy importantes para crear una buena relación con los clientes. No importa si asistes a otros a mantener sus relaciones interpersonales, o aconsejarles sobre cómo ser exitosos en los negocios o sobre cualquier otro tipo de dificultades, están observando tu lenguaje corporal, mostrar buenas habilidades para escuchar hace que los demás se sientan más cómodos.No deberías hablar demasiado formalmente.

Un pobre lenguaje corporal puede resultar en que pierdas algo muy valioso. No importa si estás escuchando cada palabra cuidadosamente y con sinceridad. Es tu lenguaje corporal el que logrará que otras personas se sientan importantes porque les estás brindando la atención que necesitan. Aquí es importante saber cuáles son las señales que demuestran desinterés y sacarlas del repertorio personal.

Si tienes la costumbre de cruzarte de brazos sobre el pecho, o zapateas con los pies impacientemente, inclinas o volteas para mirar hacia otro lugar frecuentemente, miras a un lado y otro mientras estás escuchando a alguien; estarás enviando un mensaje de desinterés por lo que la otra persona está diciendo o haciendo. Lo más probable es que esa relación se termine o cause muchas pérdidas financieras.

Entonces, lo que puedes hacer es que tu lenguaje corporal comience a enviar señales positivas a la persona con quien te quieres relacionar.

Primero, tendrás que mirar a la cara a la persona que quieres que te preste atención, no mires en otra dirección estarás mandando una señal negativa.

Con respecto a la postura de tu cuerpo debes asumir una postura abiertaen el momento de la comunicación. No debes mantener tus brazos o piernas doblados; de otro modo la otra persona puede interpretar que no te interesa escuchar su punto de vista.

Si te inclinas hacia adelante mientras hablas con alguien, tu lenguaje corporal está comunicando que estás prestando más atención a lo que se está diciendo. Por el contrario, inclinarse hacia atrás demuestra que no te interesa en lo más mínimo.

En cuanto al contacto visual, que es un

factor crucial de la comunicación, trata de mantener la mirada normalmente. Si miras constantemente hacia abajo o en otra dirección, estás comunicando que no te interesa y que te sientes incómodo. Además, el significado de una postura relajada suele no ser ignorado, trata de no estar muy tenso. Si sientes que has sufrido muchas pérdidas en el pasado por tu pobre lenguaje corporal, deberías comenzar a practicar inmediatamente los consejos ya mencionados.

Lenguaje corporal en la comunicación no verbal

La comunicación no verbal es el mensaje que transmitimos por medio de nuestro lenguaje corporal como expresiones faciales, movimientos de la cabeza, posturas corporales y acciones, ropa, modismos, demostración de personalidad, etc.

Probablemente has escuchado que el 55% del impacto total de nuestra comunicación personal está determinado por nuestro lenguaje corporal o comunicación no verbal. Un 38% está determinado por el tono de nuestra voz y sólo un 7% está determinado por las palabras que utilizamos (comunicación verbal).

Los investigadores han encontrado que algunos actos específicos de nuestro lenguaje corporal tienen significados determinados. Por ejemplo, los movimientos y gestos de la cabeza y el rostro dan información acerca del tipo de emoción que se está expresando; la posición y tensión del cuerpo revelan la intensidad de los sentimientos.

Un gesto que se nota mucho en las personas es el rictus facial cuando escuchan a alguien tratando de elaborar o explicar lo que quieren expresar. Este gesto, de hecho, es un poco rudo, como si pensaran "Vamos, no puedes explicarlo fluidamente", "Porqué tienes tanta dificultad para explicarlo", en vez de sólo esperar pacientemente y escuchar lo que la otra persona quiere decir de la mejor manera posible.

Otro ejemplo para clasificar el lenguaje corporal es alguien que se duerme durante una presentación académica; esto comunica algo acerca de los sentimientos de ese participante sobre la presentación, el expositor o la compañía – o quien expone es aburrido, o al participante no le interesa dicha presentación.

Al entrar en todo este análisis del lenguaje corporal se necesita precaución, muchas personas leerán un libro o investigación sobre lenguaje corporal y comenzarán su exagerado escrutinio posterior de cómo actúan los demás.

Sólo porque un libro dice que "cruzar los brazos sobre el torso" es una señal de dominación o de falta de cooperación no significa que todo el que esté en esa postura está transmitiendo ese mensaje; para nada.

¿Cuántas veces lo has hecho y no estabas queriendo demostrar que no cooperabas? ¡Con frecuencia, uno adquiere esta postura simplemente porque está cansado o tiene los brazos a los costados durante un largo y aburrido discurso! Es una posición confortable, yo mismo lo hago sin ninguna connotación negativa.

¡He observado en algunos congresos cómo muchas personas respondían de forma positiva, escuchando atentamente al expositor, siendo cooperativos y felices sobre lo que el expositor relata o hace, teniendo todo el tiempo la postura de brazos cruzados sobre el torso!

Otro asunto común del lenguaje corporal se relaciona con los ojos del interlocutor cuando los mueve intermitentemente de un lugar a otro de la habitación mientras habla. A este comportamiento se le ha asignado diversidad de significados distintos, he observado que los expectadores miran hacia el techo cuando los ojos del expositor se enfocan momentáneamente en ellos. Algunos estudios han conjeturado a tal extremo de decir que la dirección en que miran los ojos también indica qué tipo de información se está buscando en el cerebro (esto es, los ojos a la izquierda buscando en el hemisferio derecho y los ojos a la derecha buscando en el hemisferio izquierdo, etc).

¡He observado personas mirar hacia el

rincón de una habitación mientras hablan simplemente porque allí estaba ocurriendo algo que las distrajo!

El mecanismo de cerebro derecho o cerebro izquierdo tiene mucho de cierto, pero a veceslos "expertos" pueden desviarse demasiado. Nadie entiende todo acerca del cerebro todavía.

La mayoría de las veces sólo buscamos pensamientos. De hecho si observas cuidadosamente, te darás cuenta que las personas interrumpen su contacto visual mientras hablan, pero enfocan nuevamente bien al escuchar; la mayoría de nosotros hacemos eso.

No necesariamente interrumpir el contacto visual con el interlocutor significa que la persona le está ocultando algo – o mintiendo como algún "experto" diría. En alguna que otra ocasión sucederá eso, pero con frecuencia ese no será el caso. Estas conclusiones son el resultado de estudios de comportamiento extremistas.

Más que decir que el movimiento o la interrupción del contacto visual de cierta manera mientras se le está hablando a alguien representa decepción, los maestros deberían afirmar, "... podría significar engaño o mentira pero generalmente significa que la persona está buscando palabras, es un poco tímida o está incómoda ante la presencia de una autoridad o un extraño; o simplemente no se da cuenta que está mostrando un mal hábito.

Podría haber una lista entera de otros motivos; la timidez suele ser la causa de este comportamiento. ¡Mi dulce y pequeña madre de setenta y cinco años de edad es tan tímida que ni siquiera puede mantener contacto visual con el cajero de la verdulería!

Nadie debe haberle enseñado a comunicarse conscientemente; de hecho, este mal hábito se elimina si la persona aprende a corregirlo de manera adecuada – en otras palabras luego de modificar conscientemente el hábito en forma saludable.

Los políticos y las personas que se dedican a relaciones públicas aprenden sobre comunicación y lenguaje corporal como parte de su entrenamiento y desarrollo de experiencia. Observo esto todo el tiempo y encuentro fascinante cómo una persona puede mantener su mirada constantemente hacia el interlocutor aún si sigue hablando. Algunos han nacido y han sido criados para poder hacerlo – es parte de su personalidad.

¡Aunque para alguien que no trabaja en un ambiente público y no ha recibido educación al respecto no es una habilidad y probablemente no haya escuchado nunca hablar del tema!

Ponte la prioridad de comenzar a observar estos detalles y luego comienza a entrenarte. No es fácil; o tal vez te encuentras haciéndolo natural y adecuadamente, presta atención y siéntete bien contigo por ello. Nuevamente, no todos lo saben, pero casi el 80% de las interacciones que tenemos con otros se realizan por medio de comunicación no verbal.

Entonces, uno debería pensar cómo no podemos comunicar en forma no verbal. ¿Qué es exactamente la comunicación no verbal?Ahora bien, la comunicación no verbal es el tipo de comunicación que se vincula con todos los tipos de comunicación por medio del lenguaje corporal, gestos, cartas escritas, memorándums, noticias, etc.

En su vida professional, la mayor parte de la comunicación entre colegas o jefes ocurre por vías de comunicación no verbal.

Mencionemosalgunosejemplos:

1. Para comunicar al equipo de trabajo sobre una apertura/ cierre urgentede una oficina o algúncambio en los horarios. Se escribe un borrador y se cuelga en un anuncio. También puede haber una circular que los miembros del equipo necesitan recibir.

2. Para hacer ciertas proposiciones a otras compañías, se escribe la proposición para ofrecérsela a la otra organización. Se leen los términos y condiciones que puede o no reunir la compañía con la cuál se está en comunicación.

3. Si un colega quiere pedir algo. O un colega, miembro del equipo quiere

pedir unas vacaciones, días por enfermedad o quejarse de algo, etc. Tienen que escribir un permiso escrito o una carta y enviarla oficialmente. Aparte de todo esto, nuestras conversaciones cotidianas están embuidas de este tipo de comunicación.

Tomemos unos pocos ejemplos communes, que tendemos a ignorar.

1. Si estamos en un grupo le damos la espalda a una persona en particular. Está comprobado que a esa persona no le gusta que la persona ignorada forme parte del grupo, por eso le da la espalda indicando que la quiere excluir.

2. En la India, se dice que a los mayores se les saluda con un "Namaste" y luego se les tocan los pies. El gesto de "Namaste" muestra respeto hacia otros. Tocar sus pies es una forma de decir que siempre seguiremos sus pasos y no los defraudaremos.

3. ¡Los ojos comunican mucho que no puede ser explicado en una frase! Los

ojos pueden mostrar amor, odio, tristeza, desesperación o incluso depresión. Una persona feliz tendrá ojos resplandecientes. Quienes están enojados tienden a tener ojos grandes, como si se les fueran a salir de sus órbitas oculares. Las personas que sienten mucha pena tienen mirada llorosa o apática. Con sólo mirar a los ojos de otra persona se puede entender qué es lo que están sintiendo.

4. La manera en que te sientas o te paras dice mucho acerca de ti. Si una persona se encorva y se sienta con mala postura significa que tiene baja autoestima o confianza en sí mismo. Una persona con buena postura, espalda recta u hombros perfectos se verá como confiado y con mucha autoestima.

Como lo sugerido en los anteriores escenarios, necesitamos observar lo que comunicamos en forma no verbal, esto lleva mucho más significado que las palabras que decimos.

Intuición y comunicación no verbal

La comunicación no verbal y el lenguaje corporal podrían leerse o "sentirse" de dos formas distintas. Primero, hacer un cambio y medir objetivamente lo que el cuerpo está haciendo de forma diferente comparado con lo realizado anteriormente. Segundo, utilizando tu intuición en tiempo real y sintiendo subjetivamente eso. Para ser consciente del lenguaje corporal de otras personas y poder trabajar con ellos, como así también hacerlo con uno mismo; todo esto requiere una mezcla potente y consciente tanto de habilidades firmes y flexibles.

Existen muchos expertos bien entrenados en lenguaje corporal y asesores que son muy buenos y objetivamente sensibles a lo que ciertos gestos del lenguaje corporal expresan según lo que estemos pensando. También pueden describir cómo estas expresiones del lenguaje no verbal influyen en otros para pensar y decidir. Ahora bien, el nuevo campo de la biométrica puede medir e interpretar estas expresiones mucho más rápida y efectivamente de lo que pueden hacerlo los "expertos". ¿Significa que tendríamos que dejar de observar e interpretar cualquier lenguaje corporal y adquirir otro paquete de programas? ¿O hay algo más que aprender en una dimensión que las computadoras todavía no se han perfeccionado?

Los mejores expertos en lenguaje corporal se esfuerzan en resaltar que toda comunicación no verbal debe tomarse en base al contexto. Esto significa darse cuenta tanto de las circunstancias como de los patrones que circunscriben ciertos gestos. Los mejores de estos programas están comenzando a incorporarse a este conjunto de conocimientos también. Por ejemplo, el mecanismo y la posición de los brazos cruzados pueden significar mucho más que sólo estar a la defensiva o ser escéptico. Puede que sólo seas frío. Podrías ser también un jefe todopoderoso deseando ceder la dominación para permitirle a otras voces más tímidas expresarse a sí mismas con más claridad. ¿Qué otras habilidades flexibles pueden ayudara descifrar que es lo se puede o no programar?

Todas las habilidades flexiblesque puedan ayudar a acceder a la intuición pueden ser claves. La intuición fue descripta una vez por Patrick Collard como la habilidad de mirar "dentro de ello", siendo "ello" el tema/ emoción o las personas involucradas. Esta es un área dentro de la cuál los programas informáticos aún témen pisotear. Ya se ha confirmado en muchas ocasiones que cada célula de nuestros cuerpos tiene capacidad de memoria y comunicación. De hecho la disciplina que trabaja con el cuerpo denominada "Armonía Corporal" ha acuñado el concepto "el tema en el tejido" para describir esta situación determinada. Nuestra habilidad intuitiva radica en gran medida en sentir lo que sucede ya sea dentro nuestro como dentro de los demás. Por lo tanto, se puede observar y medir el lenguaje corporal de las personas y sus temáticas objetivamente al sentir/ medir e interpretar lo que se expresa explícitamente así como indagar más profundamente y tratar de sentir "dentro de ello" y obtener una sensación/sentimiento consciente de lo que está sucediendo dentro. ¿Cómo se pueden distinguir estas dos dimensiones y aprender las habilidades necesarias para que al incrementar la intuición se beneficie tu trabajo; especialmente si eres un líder, administrador de cuentas financieras, representante de servicios al cliente o asesor personal?

Cuanto más te entrenes a ti mismo para sentir, volverte consciente y confiar en tu propio cuerpo y su lenguaje, mayor serán tus poderes intuitivos que podrás utilizar adecuadamente para sentir lo que les está pasando a quienes te rodean aquí y ahora. Aprender y practicar las habilidades flexibles necesarias para percibir mejor tu intuición puede contribuir en gran medida a tu estado de salud como también a tu habilidad para crear y cultivar relaciones leales, duraderas y beneficiosas.

3 mitos acerca de la comunicación no verbal que pueden confundirte

Ya sea que lo llames lenguaje corporal o comunicación no verbal, los indicios acerca de cómo se siente la gente se revelan por medio de sus expresiones y acciones.

Sin embargo, existen muchos mitos sobre la interpretación del lenguaje corporal que pueden provocar que las personas juzguen inadecuadamente.

Aquí hay tres de ellos:

1. Cuanto mayor contacto visual mejor: es verdad que en la cultura norteamericana hacer contacto visual es esencial para generar afinidad. Alguien que evita hacerlo es considerado como mentiroso, que quiere ocultar algo o que le falta confianza. La verdad es que mientras el contacto visual es esencial, demasiado contacto visual puede hacer que la otra persona se sienta incómoda. De hecho, un contacto visual prolongado es un paso previo al coqueteo.

Entonces, ¿cuál es la justa medida? Deberías enfocarte en la persona a la que le estás hablando, sin fijar la mirada en ella o ponerla nerviosa. Prueba mirar al triángulo de la cara – ojos, nariz y boca. De ese modo todavía estás haciéndolo, pero de una manera no tan amenazadora.

2. Los mentirosos no pueden hacer contacto visual: cuando se le pregunta a una persona cómo sabe si alguien le miente, suelen contestar que las personas con ojos esquivos no dicen la verdad. Los estudios indican que ponemos demasiada creencia en este comportamiento.

Las personas que fallan al hacer esto suelen estar nerviosas o son tímidas. Y en el extremo opuesto de esta escala, los mentirosos patológicos son expertos al hacer contacto visual y aparentar ser sinceros.

3. Un gesto poderoso es poner las manos detrás de la espalda.Por muchos años, los presentadores fueron instruidos para pararse con las manos detrás de sus espaldas. Se referían a este gesto como la postura del Príncipe Carlos, con la idea que el Príncipe Carlos era un buen modelo de comportamiento que reflejaba un rol poderoso.

Luego una investigación demostró que las personas desconfían de este gesto. Si no podemos ver las manos de la persona nos volvemos sospechosos. De modo que si tu objetivo es inspirar confianza en tus clientes, mantén las manos a la vista.

¡Es importante saber cómo interpretar el lenguaje corporal antes de sacar conclusiones apresuradas sobre lo que las personas están revelando!

La importancia del lenguaje corporal

El lenguaje corporal es parte de la comunicación que realmente muy pocos estudian aún, está compuesta en su mayoría con lo que utilizamos para comunicarnos y generalmente es más preciso juzgar su significado que las otras palabras que utilizamos. Voy a compratir algunos motivos de porqué el lenguaje corporal es tan importante y les voy a facilitar una encuesta muy corta para que se entienda cúan claro está su significado.

Dicen que las acciones hablan más fuerte

que las palabras y a veces podemos comunicar mensajes sin la ayuda de una sóla palabra. Podemos encogernos de hombros y, sin una palabra expresar, "No sé." Podemos levantar las cejas y comunicar, "¿Perdón, te escuché bien?" Podemos juntar las manos sobre las palmas delante y expresar, "No sé qué más decir. Eso es todo lo que pienso." Y podemos señalar nuestra nariz para mostrar que la otra persona "lo entendió claramente."

Algunos de los mensajes que decimos con nuestros cuerpos pueden ayudar a reforzar el porqué lo estamos diciendo. Al decir simplemente "no sé", no tiene nada de malo agregar los siguientes gestos; podemos rotar las manos delante de nuestra cara a medida que levantamos las cejas e invertimos nuestra sonrisa mientas con los labios juntos sobresale el labio inferior y miramos a un costado. También se puede hacer reír a alguien y tal vez tomar un poco de la presión sobre nosotros mismos o sobre otra persona que estaba un poco nerviosa sobre no saber tampoco lo que nosotros no sabíamos.

Yendo un poco más allá, prestar atención al lenguaje corporal de alguien más puede ayudarnos a discernir si alguien nos dice la verdad y nada más que la verdad. A continuación se mencionan algunas señales que pueden indicar que alguien miente, también puede ser que si alguien no está diciendo la verdad o toda la verdad no querrá hacer contacto visual por miedo de que sus ojos sean las ventanas de su alma mentirosa. Sin embargo, existen otras señales que indican mentira. Una persona que no esté diciendo toda la verdad tal vez se aclare la garganta, tartamudee o cambie su tono de voz como si tratara de distraer la atención de la mentira o para hacer una pausa que les de tiempo a pensar una respuesta válida o una explicación plausible.

Además, jugar con los pies o balancearse, ruborizarse, poner las manos en la cara, darse la vuelta o levantar los hombros pueden ser señales de que no están cómodos con la conversación porque no están siendo sinceros.

Otra función importante del lenguaje corporal es expresar nuestros sentimientos sobre lo que se está discutiendo. El lenguaje corporal puede ayudar a determinar cómo se siente alguien sobre lo que se está hablando.Por ejemplo, alguien puede decirle a su jefe que sería feliz haciéndose cargo de algún asunto con un cliente mientras que su lenguaje corporal parece indicar que en realidad no está feliz para nada. Este puede ser un indicio importante que le ayudará al jefe a determinar quién es la persona más adecuada para manejar ese asunto.Si la persona no pone lo mejor de sí, tal vez no haga bien su trabajo cuando otro empleado podría lograr resolver ese asunto y fidelizar al cliente de por vida.

El lenguaje corporal podría ser un factor determinante en una entrevista de trabajo, si quien aplica trasmite confianza y facilidad en relación a la materia en cuestión, tiene muchas chances de obtener el puesto, especialmente es un mercado laboral exigente. Se habló previamente del hecho de que cierto lenguaje corporal a veces se interpreta como incómodo y fuera de control. Estos son algunos de los mismos rasgos que hacen que una persona que busca trabajo parezca confiada y cómoda en otras circunstancias.

En una relación de amistad, el lenguaje corporal propio puede indicar que alguien está prestando atención o no le importa lo que la otra persona está diciendo.

Inclinarse hacia adelante en una conversación indica que la persona está interesada en escuchar lo que otras están diciendo. Inclinarse hacia atrás indicaría que está desinteresada o que se siente superior. Inclinarse hacia adelante y pararse cerca mientras se está hablando podría indicar que esa persona está tratando de convencer a otra en forma agresiva o tratando de dominar la conversación. Escuchar a alguien mientras no se hace contacto visual indicaría que no estás prestando atención, sino que esperas tu oportunidad para hablar. Esto también da la sensación de que realmente no te importa lo que piensan o quieren decir y

puede que haga que los demás no te escuchen con atención cuando es tu turno de hablar en una conversación.
Algunos tipos de lenguaje corporal sonobvios de discernir y otros no son tan simples. Compruebalo por ti mismo.

Te daré algunas preguntas para ver cuán bien lees el lenguaje corporal.

1. ¿Qué significa que alguien ponga sus palmas sobre su torso?

a)   Superioridad

b)   Confianza

c)   Sinceridad

2. ¿Qué significa que alguien se masajee la nariz?

a)   Superioridad

b)   Desagrado

c)   Enojo

3. ¿Qué mensajese está enviando si alguien mira por encima de los anteojos a otro?

a)   Desprecio

b)   *Escrutinio*

c)   Superioridad

4. ¿Qué mensaje se trasmite si alguien mira hacia arriba y a la derecha antes de hablar?

a)   Están tratando de recordar algo.

b)   Están mintiendo.

c)   <u>**Están tratando de inventar algo.**</u>

Respuestas:
1. c) Sinceridad
2. b) Desagrado
3. b) Escrutinio
4. a) Están tratando de recordar algunos hechos (sobretodo si son diestros)

¿Cómo lo has hecho?

Los estudios muestran que el 70% de la comunicación se establece de forma no verbal y que es mucho más precisa que las palabras que utilizamos. Por lo tanto, es de suma importancia que aprendamos a utilizar y discernir el lenguaje corporal más efectivamente para ser comunicadores efectivos. Al entender el lenguaje corporal más efectivamente, podemos incrementar nuestras chances de ser capaces de encontrar un mentiroso, mantener nuestras amistades, contratar personal y ser contratado. Por muchas razones más el lenguaje corporal y las habilidades de comunicación en general nos ayudarán a cada uno de diversas formas en nuestra vida profesional y personal.

Cómo puedes tener éxito o fracasar en una entrevista de trabajo

La competitividad en el mercado laboral hoy en día exige que nos evaluemos a nosotros mismos constantemente para aprovechar oportunidades laborales. Si piensas que no vas a calificar mejor que otras personas que buscan trabajo, encuentra el tiempo para leer lo siguiente.

La comunicación no verbal en las entrevistas de trabajo es muy importante y comienza en el instante que caminas hacia la entrevista. Los movimientos del cuerpo demuestran confianza a través del contacto visual, pararse o sentarse en forma erguida y estrechando la mano firmemente. La comunicación no verbal es tan esencial como tus respuestas. La primera impresión podría deslumbrar o arruinar tu posibilidad de acceder al puesto deseado. Entonces, regla Nº1: ¡No encorvarse!

Una vez que tengas eso bajo control, sigue estos pasos simples durante tu entrevista de trabajo:

Demostrar atención y profesionalidad a través del proceso de una entrevista es ir apropiadamente vestido y bien aseado. Otro punto importante es sentirse cómodo con los propios gestos, sentarse adecuadamente y preguntar para demostrar que se estáinteresado en el trabajo. Al sentarte no deberías inclinarte demasiado hacia atrás, darás la impresión de estar demasiado relajado. Sientate en la mitad del asiento de modo que te veas atento pero también cómodo, si haces esto también podrás evitar encorvarte.

Contacto visual y estrechar las manos firmemente – El contacto visual establece una impresión de que estás listo para tu entrevista de trabajo y eres lo suficientemente confiado para responder cualquier pregunta relacionada con tu curriculum o carta de presentación.

Mirar directamente a la persona no significa que lo estamos escudriñando sino que sólo estamos siendo sinceros y estamos prestando atención. ¡Sólo recuerda no "perderte" en los ojos de la otra persona! ¡No quieres parecer una persona desquiciada! Además, estrechar la mano firmemente trasmite que quieres responder las preguntas de la entrevista de trabajo profesionalmente. Ten cuidado con tener las manos sudorosas.

Asegurate de mostrar una adecuada apariencia y oler bien – Es importante dar una buena impresión visual y olfativa durante el proceso de la entrevista. Esto dará la impresión que estás adecuadamente aseado y que eres una persona responsable. Ir a la entrevista con mal aliento y sudoración excesiva arruinará esa oportunidad. Levántate temprano y prepárate totalmente para tu entrevista, también significa que trabajas duro para crear una impresión positiva; trata de no exagerar. Sólo piensa en lucir y oler fresco, como si estuvieras listo para aprovechar al máximo el día. También asegúrate de no usar esencias de perfumes muy fuertes o colonias porque hay personas que no las toleran en demasía, ya sea que tienen alergia o recuerdos personales desagradables que los pueden distraer en el proceso de la entrevista.

Se amable y mantén un tono suave en tu discurso – No seas demasiado tranquilo o llamativo al responder ante las preguntas de la entrevista de trabajo. Mantente en calma y con confianza siempre. No interrumpas para hacer preguntas mientras el entrevistador está discutiendo algo acerca de la compañía o el trabajo, les parecerá rudo. Más aún, trata de no ser monótono, explica que estás realmente ansioso de permitirles entender tu pasión por el trabajo. Puedes utilizar mínimos gestos de las manos para sentirte más a gusto.

Eliminar la 'Forma Negativa', mediante la negociación, siendo proactivo con el lenguaje corporal

Entras en el ambiente donde va a tener lugar la negociación, casi instantáneamente te desagrada la persona con quien tienes que negociar. Sientes que se acerca en forma actuada y desconfiada pero no puedes definir bien qué es. Enfrentas la negociación pero no te sientes cómodo, y luego de un tiempo la otra parte no cumple con lo prometido. Piensas, "sabía que algo raro estaba pasando, ¿porqué no habré confiado en mi reacción instintiva?"

Pues no estás solo. Más del 65-90% de cada conversación se interpreta a través del lenguaje corporal, pero sólo el 4% de la población entiende realmente cómo leer el lenguaje corporal. Al negociar, este dato puede hacer la diferencia entre una negociación efectiva sin estrés y una negociación fallida que termina en que ambas partes se abren del acuerdo.

Porqué es importante comprender el lenguaje corporal durante una negociación

Una vez que sepas leer el lenguaje corporal puedes entender lo que la persona estaría pensando pero no está diciendo. Puedes decir si están de acuerdo contigo, en desacuerdo, aburrido, interesado, disgustado, enojado o confundido.

Realicé un estudio intenso del lenguaje corporal para poder negociar mejor, estudié los modos tradicionales de negociar como posicionarse para regatear, pero nunca encontré ninguna forma para llegar a la otra persona y conectar a un nivel más profundo. Además, la mayoría de las personas al otro lado de la negociación generalmente tenían veinte años más que yo. Aunque adquiriera las tácticas de la negociación tradicional, ellos corrían con ventaja ya que lo habían estado haciendo durante mucho más tiempo que yo.

Negociaciones: haz contacto visual

También sé que muchos de los resultados de una negociación están basados en cómo te sientes con respecto a la otra persona y cómo se lleva a cabo dicha negociación. Pensé en esas negociaciones donde acordaba por menos de lo que normalmente lo hacía, el común denominador en cada instancia era la sinceridad y el gran acercamiento de la otra persona. En lugar de pensar en ganar – que estaba orientado hacia MI, estaba concentrado en agregarle valor a la otra persona y estar más orientado hacia el

NOSOTROS.

Entonces, eso me dejó con una solución – entender lo que mis colegas o adversarios estaban pensando pero no diciendo. De esa manera entendería cómo hacer concesiones, cuando sostener mi punto de vista y qué preguntas hacer. El lenguaje corporal puede dar esas claves mientras al mismo tiempo se redirecciona el foco desde tu persona a la otra persona. No sólo tienes que escuchar con tus oídos sino con todo tu cuerpo también.

Sí, entiendo lo que dices

Para mí, esto realmente se hizo más claro durante una negociación importante con un vendedor en la cual otro comprador y yo obtuvimos una ganancia de $12 millonesde dolares. El presidente de la compañía tomó un vuelo para encontrarse con mi gerente, el otro comprador y conmigo. Llegó con su séquito completo incluyendo al Gerente de ventas y sus vendedores.

Desde un principio la reunión fue tensa, ellos se sentaron en un extremo de la mesa y nosotros nos sentamos en el extremo opuesto. El otro comprador comenzó la reunión revisando nuestra agenda común. A medida que revisábamos cada punto yo sólo permanecía sentado y miraba al presidente. Traté de imaginar qué es lo que estaba pensando y sintiendo al leer su lenguaje corporal.

Observé las evasivas del presidente; cambiaba constantemente la posición de las piernas de un lado a otro; se ajustaba la corbata; se sacaba las pelusas de la ropa; miraba el techo; jugaba con su corbata; cruzaba y descruzaba sus brazos; miraba sus dedos y tamborileaba en la mesa. Finalmente miró la agenda, la dio vuelta y cruzó sus brazos, sus piernas y se inclinó hacia atrás. En ese momento, la habitación quedó en quietud.

A medida que lo miraba, su lenguaje corporal indicaba que estaba irritado, que se sentía atacado y desvalorizado. Observé que sentía que estábamos pidiendo mucho y dando poco a cambio. De modo que me incliné hacia adelante, lo miré, y dije, "Ud. ha construido una compañía muy exitosa en muy poco tiempo, encontró un nicho para zapatos cómodos que pueden utilizarse para trabajar. Lo que quisiera saber es, ¿cuáles son sus planes para dentro de cinco años? ¿Cómo planea promocionarse y crecer? ¿Cómo podemos asistirlo?"

Me observó con escepticismo, se inclinó hacia adelante, y en la parte trasera de su agenda comenzó a esquematizar sus ideas. Cuanto más hablaba, más animado estaba, me confesó que estaba por lanzar una campaña de anuncios a lo grande que le iba a costar lo suyo. Estaba planeando anunciar en radio, televisión y carteleras públicas. Comenzamos a hablar sobre cómo nosotros podríamos vincularnos para su campaña. Le mencioné que tenía tres grandes ventas al año y que sería buenísimo exponerlo a él en esos anuncios. Hicimos tormenta de ideas sobre qué zapatos se pondría y se decidió que el anuncio de una familia de zapatos sería maravillosa. Ofreció hacer un descuento de sus dos mejores estilos para nosotros. Finalmente, analizamos el tema de los zapatos defectuosos que hubiera en sus tiendas. Recuerdo cómo comenzó a sacarse pelusas de encima (una señal de que la persona no está de acuerdo con lo que dices, pero no se siente libre para dar su opinión) mientras discutíamos de porqué era necesario sacar los zapatos defectuosos. Entonces le dije, "sabemos que ofrece muy buenos zapatos y queremos manejar su negocio de la mejor manera posible. Sus campañas "pruebe-caminando" es un gran ejemplo de su creencia en la calidad de sus zapatos. Estamos dispuestos a aceptar que la gente compre sus zapatos en esa campaña y que probablemente un porcentaje de clientes lo devuelva si no les resulta de su agrado. Sabemos que pasa con las devoluciones, pero creemos que vale la pena el riesgo de que haya una devolución de cada diez compras, y se puede utilizar este método de venta. Lo que necesitamos saber es qué es lo que Ud. prefiere. Tendríamos que suspender la campaña "pruebe-caminando" o deberíamos continuar aunque muchas de las devoluciones serán por cuestiones de discreción de los clientes y no de los defectos de su producto.

Me miró y respondió que le gustaría seguir con esa campaña, que seguiría aceptando las devoluciones de sus clientes. Habitualmente tenía treinta mil pares de zapatos a la venta. Cuando terminamos, se rió, dio vuelta su agenda, la miró y dijo, "¡adivino que les dí más de lo que ustedes esperaban antes de encontrarnos y me siento bien con eso!" Todos estrechamos las manos y antes de irse,se detuvo, se dio vuelta y anunció "pienso que deberían saber que hoy vine aquí con la idea de retirarles los $12 millonesde dólares de sucuenta; estaba enojado y dispuesto a retirarme de la negociación; pero en cambio me voy entusiasmado al continuar en el negocio con ustedes."

De adversario a socio: escuche con los ojos y vea con los oídos

Llegó como un adversario y se retiró como un socio. ¿Por qué? Porque utilizando OutcomeThinking®   (Pensando   hacia afuera), que es posicionarse en la perspectiva de la otra persona y leyendo su lenguaje corporal, pude conectarme con él como persona. La negociación no trató sobre lo que podíamos obtener, sino de cómo hacer para crecer ambas partes. Si no hubiera podido leer su lenguaje corporal, no nos hubiera dicho que se sentía atacado en lo personal sobre los zapatos defectuosos. No hubiera sabido que estaba a la defensiva pensando que le estábamos recriminando sobre la calidad de sus zapatos. Probablemente no hubiera podido acercarme adecuadamente.

A qué señales debería prestar atención

Se deben observar las siguientes señales del cuerpo cuando se está en una negociación. Están basadas en la Cultura Europea-Americana y en los trabajos de investigación de Desmond Morris, Alan Pease y JuliusFast por nombrar algunos.

Estas señales del cuerpo deben ser consideradas como guías y no verdades absolutas. Si se observa una señal que no entendemos es necesario deternerse y hacer preguntas para asegurarse de interpretarla adecuadamente y así comprender lo que la persona quiere decir. El lenguaje corporal está directamente vinculado con nuestros pensamientos no con nuestras palabras. Es por esta razón que a veces nos confunden las señales mezcladas que las personas transmiten. ¡Si estás en la duda escucha al lenguaje corporal, no las palabras!

Señales de escucha atenta y gran comprensión de lo comunicado

Mano sobre la mejilla

Este gesto demuestra evaluación y genuino interés. Esta persona escucha y toma lo que está escuchando al igual que lo evalúa. En este punto es beneficioso preguntar para que la persona diga lo que piensa.

Masajearse el mentón

La persona está tomando una decisión, no

hay que interrumpir. Observa la señal de lenguaje corporal que sigue inmediatamente. ¿Se inclina hacia atrás y cruza los brazos? Este es un gesto de negativa. Expresa acuerdo en ciertos puntos y en otros desacuerdos. Si se inclina hacia adelante, mantente alerta y permite que hable primero.

Permanecer sentado y estar listo

Este gesto muestra entusiasmo y acuerdo. Si este gesto está inmediatamente después de masajearse el mentón significa que la persona está diciendo "sí". En este punto de la negociación debes utilizar la palabra "nosotros" ya que ambos están de acuerdo.

Inclinar la cabeza

Inclinar la cabeza mientras se escucha es un gesto que demuestra interés. Te darás cuenta que te convertirás en un mejor oyente ya que tu lenguaje corporal activará tu mente subconsciente que te dirá que es momento de escuchar.

La señal delatora que las personas no pueden controlar nunca

Pupilas dilatadas

Si estás interesado en algo tus pupilas se dilatarán hasta cuatro veces más del tamaño normal. Esto demuestra entusiasmo e interés, la mayoría de nosotros instintivamente lee las pupilas dilatadas como signo de amistad e interés, pero rara vez nos damos cuenta que nos está pasando eso. Si durante las negociaciones las pupilas de alguien se dilatan significa que está intererado en el trato, aún si dice que no lo está. En ese momento debes adoptar una postura normal y preguntar qué es lo que más le gusta sobre el trato. Por el contrario, si sus pupilas se contraen, sabes que siente genuina desconfianza de tu oferta.

Señales que demuestran desacuerdo, desagrado y hostilidad hacia lo comunicado

Los siguientes gestos dan una connotación más negativa y pueden poner a la defensiva a la otra persona. Recuerda que debes interpretar los gestos en su conjunto para no malinterpretar lo que se está comunicando. Por ejemplo, los brazos cruzados pueden significar estar a la defensiva, o simplemente que el ambiente está frío. Si el ambiente está frío, los brazos estarán cerca del cuerpo y ocasionalmente se frotarán para lograr más calor.

Brazos cruzados

En general, este gesto puede indicar estar a la defensiva; esto no significa que la persona está sentada pensando a propósito, "no quiero escuchar lo que vas a decir, te estoy callando la boca". Lo que significa es que la persona filtrará todo lo que escuche según cómo le afecte lo dicho. GeraldNierenberger, autor de "Cómo leer a una persona como un libro", estudió cerca de dos mil negociaciones y encontró que no tuvieron éxito aquellas donde los participantes estaban de brazos y piernas cruzadas. Antes de que la negociación terminara bien todos habían abierto los brazos y las piernas.

Manos sosteniendo el mentón

Este gesto demuestra aburrimiento, literalmente se podría golpear y correr la mano mientras la cara caería directamente en la mesa. La persona con este gesto tiene una total falta de interés en lo que se está conversando, si a su vez está combinado con ojos vidriosos y mirada vacía significa que has perdido por completo a tu interlocutor. Si ves muy frecuentemente este gesto entre quienes charlan contigo significa que das muchos detalles y que tu interlocutor se desconecta. Trata de enunciar primero tu punto y luego da algunos detalles más. La mejor manera de comprobar que esto sucede es dejar de hablar, la persona cambiará de tema y seguirá hablando de alguna otra cosa. También aparecerá este gesto si pasas mucho tiempo hablando de ti y no escuchas a la otra persona.

Manos bien entrelazadas
Este gesto es una señal de que la persona está frustrada, cuanto más alto vayan las manos, más frustrada se siente esta persona. No hables más y pregunta algo como, "¿qué piensas sobre este tema? ¿Estas de acuerdo con este pensamiento? ¿Qué piensas? ¿Qué desafíos genera esta nueva idea? Puedes apostar que la persona tiene algunas ideas al respecto. No trates de cerrar un trato si observas este gesto, más bien trata de descubrir qué es lo que les molesta. Podrían disentir con respecto a tu idea y sentir que estás hablando más que ellos. Preguntales algo para que se involucren. Tienen que ser preguntas abiertas más que con respuestas si/ no, lo que logra que tu interlocutor esté más involucrado en la negociación.

Sacarse una pelusa imaginaria
¡Este es mi favorito! De acuerdo a Alan Pease en su libro Señales, este gesto significa que la persona está en

desacuerdo con lo manifestado pero no se siente en libertad de dar su opinión. ¡Definitivamente querrás preguntar por más información! Verás frecuentemente este gesto si la persona se siente acorralada o está en desacuerdo contigo. ¡Sea lo que sea que hagas, no ignores este gesto! Corres el riesgo de hacer sentir a los demás que no te importa lo que piensan, si hablas con ellos en privado y haces algo con respecto a lo que dicen, demuestras sensibilidad, refuerzas su confianza y volverán contigo a contarte sus asuntos y problemas. ¡En una negociación esto puede significar que te están barriendo y desplazando!

Señales de engaño
Toma estas señales comoun solo grano de sal, querrás observar los gestos que acompañan estas señales o asumirás erróneamente que todos los que se rascan sus narices te están mintiendo.
Si alguien utiliza estos gestos mientras hablan contigo, puede significar que están mintiendo o reprimiendo lo que sienten o piensan. De cualquier modo, es

importante tener en cuenta estos gestos.

Si son señales engañosas, generalmente verás algún gesto que las acompaña como intento de evasión, interrupción del contacto visual, ojos y cuerpo en movimiento constante, rotar el cuerpo hacia otra dirección, voz levantando el volumen y el tono. En una negociación esto te permitirá saber si te toman en serio o si seguirán presionándote para que les des más.

Restregarse el ojo

De acuerdo con Desmond Morris, si una mujer está diciendo una mentira importante se restregará un poco el ojo y mirará hacia arriba; en el caso de un hombre se restregará mucho el ojo y mirará hacia abajo. De cualquier modo, el gesto intenta evitar el contacto visual con la otra persona.

Tocarse la nariz

Busca un masajeo con un dedo debajo de la nariz, esto puede distinguirse claramente de gestos como consecuencia de alergias o picazón, en general van acompañadas de un masajeo fuerte por encima de la nariz. Es otro gesto para generar distracción y evitar el contacto visual.

Masajearse la oreja

Podría ser un dedo detrás de la oreja, en la oreja o masajearse detrás de la oreja, que sería otro modo de evitar el contacto visual. Es el intento del cerebro de reemplazar el contacto visual con una distracción.

Tironear del cuello

De acuerdo con Desmond Morris,este gesto significa que la persona sospecha que le van a pescar su engaño, y piensa que no van a caer en su mentira. La expresión popular es "sentir que el nudo se aprieta." Cuando una persona miente definitivamente su cuerpo experimenta una reacción química. Los vasos sanguíneos se hinchan, la temperatura corporal sube y habrá una sensación de incomodidad. Debido a esto, la persona "tirará de su cuello" para aflojar el "nudo" o tensión que siente.

Rascarse el cuello

Al mismo tiempo todas estas reacciones químicas suceden en tu cuerpo, una sensación de estremecimiento que recorre toda la columna. Desmond Morris descubrió que esta persona va a rascarse exactamente cinco veces para aliviar el escozor.

Dichos gestos pueden utilizarse tanto por motivos decentes como deshonestos. Especialmente porque no siempre podemos decir exactamente lo que estamos pensando. Piensa en la última vez que un amigo preguntó si te gustaba su apariencia y pensaste que le quedaba horrible. Tal vez dijiste "Oh, ¿dónde lo compraste? ¡Realmente te queda bien! Al mismo tiempo probablemente en forma inconsciente utilizaste uno de los gestos engañosos previos que develó tu verdadera opinión.

¿Utilizan los hombres y las mujeres

el mismo lenguaje corporal?

En este momento quiero aclarar una diferencia entre cómo se comunican los hombres y cómo lo hacen las mujeres en general. Entiendo que no todos los hombres ni todas las mujeres se comunican con un estilo determinado, esto sólo es una guía para delinear cómo se comunican unos y otras.

Diferencias de género:
John Gray yDebraTannenhablan acerca de cómo se comunican los hombres y las mujeres. Para ser práctico, voy a simplificar la diferencia, aunque por favor entiendan que no todos los hombres y todas las mujeres encajan en una categoría exacta.
En resumen, los hombres se comunican con el 'estatus' en mente; siempre buscan resolver problemas. Las mujeres se comunican con la 'conexión' en mente. Estos son dos modos muy distintos de comunicarse y ninguno es mejor que otro. Para ser un comunicador más eficiente, necesitas entender las diferencias.

Las mujeres volverán sobre el mismo tema una y otra vez, no para encontrar una solución, sino para percibir los sentimientos. A los hombres les gusta encontrar cómo resolver esa situación, hacerlo y seguir adelante. Cierran ese archivo mentalmente y pasan al siguiente. Esta diferencia en el estilo de la comunicación puede llevar a que la mujer concluya que el hombre es frío y se retira mientras que el hombre cree que la mujer es emocional e irracional. Estas diferencias se notan en el lenguaje corporal.

Asentir con la cabeza

Los hombres generalmente asentirán si están de acuerdo con lo que estás diciendo, en cambio las mujeres utilizan ese gesto para demostrar que están escuchando no para demostrar acuerdo. Entonces, es muy importante aclarar preguntando si la persona está de acuerdo o no contigo. ¡No asumas que el asentimiento de cabeza significa un "sí"!

Armando el rompecabezas

Muy bien, entonces, ¿qué se hace con todo este nuevo conocimiento? ¿Sólo te quedas mirando a la otra persona tratando de leer cada pequeño detalle minúsculo? ¡Creeme, puedes llegar a perderte tanto en el lenguaje corporal que te perderás las palabras!

Utiliza esta guía para hacer preguntas y establecer una atmósfera lo más cooperativa posible. Asegurate que el lugar de negociación tenga suficiente espacio para todos. Trata de que haya una mesa redonda, y prepárate para obtener un resultado centrado y luego lee el lenguaje corporal para acomodarte justo en el momento adecuado.

¡Recuerda que negociar no es pensar en ganar, se trata de lograr el resultado que te impulse hacia adelante!Utilizalo como un modo de construir relaciones con otras personas, aún el negociador más necio quiere sentirse que lo escuchan y lo respetan.

Formas simples para desarrollar un lenguaje corporal asertivo

Las acciones que se llevan a cabo con un lenguaje corporal asertivo hablan más que las palabras. Y cuando las personas dicen "acción", quieren decir más que sólo un gesto de la mano, el asentir con la cabeza o mostrar una expresión facial.

Si la persona dice "las acciones hablan más alto que las palabras" suele significar que uno comunica a través de todo el cuerpo.

Se suele aceptar que el 93% de la comunicación es no verbal, entonces nuestro lenguaje corporal es muy importante al encontrarnos con los demás. El cuerpo puede enviar mensajes que son más claros que lo que sale de nuestras bocas, ya sea que la persona se de cuenta o no.De modo que si la persona se siente nerviosa o insegura, su lenguaje corporal lo demostrará; no dispondrán del poder de su cuerpo. Bajo el mismo lema, cuando uno está seguro de sí mismo, su confianza naturalmente saldrá a la luz.

La necesidad de un lenguaje corporal asertivo

Entre un cuerpoinseguro y uno asertivo, por supuesto el último es el más beneficioso.

Cuando una persona se siente segura, también sucede que son asertivos. Y cuando esto sucede se les da una clase de aura que gobierna con respeto y atención hacia los demás.

Esta clase de confianza también puede ser beneficiosa para alguien que está tratando de encontrar trabajo o lograr que un cliente invierta en su negocio.

Nadie quiere contratar, menos aún confiar, en una persona que no se siente segura de sí misma.

Falta de confianza significa falta de habilidades, talentos y capacidades. Esto debería ser algo que uno tendría que tratar de evitar enviar a los demás acerca de uno mismo.

Entonces, ahora ya que los gestos del lenguaje corporal asertivos son mucho mejores que los que demuestran inseguridad, la cuestión radica en ¿cómo es que uno hace eso exactamente?

Miradas y zona de confort

No importa lo que haga una persona para alcanzar una apariencia asertiva, sería imposible demostrar asertividad si no se sintiera bien en lo más mínimo.

El primer paso de sentirse confiado es sentirse confiado. Lo mínimo que se puede hacer para sentir esa sensación es asegurarse de estar bien aseado, esto es, bañarse, vestirse con ropa limpia y prolija, cepillarse los dientes y peinarse el pelo, etc.

Aparentar y sentirse bien es el primer paso para tener la confianza que se necesita.

Reafirmar la confianza

Como se mencionó previamente, si se está tratando de conseguir un trabajo o lograr que un cliente invierta en un negocio, se debe mostrar confianza con el lenguaje corporal. Un modo de lograrlo es estrechar la mano firme y sinceramente. Dudar al dar la mano de alguien simplemente genera desconfianza. Lo que uno debiera hacer es extender la mano con confianza y dar un firme y cálido apretón.

Sonreír pero sin simular

Un lenguaje corporal asertivo también muestra que una persona se siente bien sobre sí misma. Estará contenta sobre cosas que la rodean, entonces es una fuente de energía positiva.Permite que esa confianza salga desde adentro a través de una hermosa y genuina sonrisa.

El NO va por los brazos y las manos

Hay dos cosas que una persona nunca, en su entera vida social debería hacer. Una es cruzarse de brazos y otra poner las manos en sus bolsillos, la primera demuestra arrogancia y la otraaburrimiento e indiferencia. Tu lenguaje corporal transmite mucho acerca de lo que eres.

Es seguro demostrar a través de la comunicación confianza y creencia en tí mismo. Comienza a aplicar estos consejos simples pero prácticos del lenguaje corporal hoy y pronto estarás expresando más positividad y seguridad con todas las personas o situaciones que estes viviendo.

Cómo desarrollar buenas habilidades en la comunicación no verbal

Para mejorar la comunicación no verbal se necesita consciencia de uno mismo. Es importante ser conscientes de los mensajes que envías continuamente sin decir una palabra porque están diciendo mucho de ti. Los movimientos del cuerpo y las expresiones faciales son naturales pero necesitas saber cómo utilizarlas para enviar los mensajes adecuados.

Debes darte cuenta de tus debilidades para ser capaz de mejorar tus habilidades de comunicación no verbal. Si conoces tus debilidades, como por ejemplo el contacto visual, serás capaz de tener un objetivo y tendrás la oportunidad de convertir tus debilidades en fortalezas de forma tal que logres enviar mejores señales no verbales.

Aún más, es importante notar que el lenguaje corporal juega un rol mayor en el modo en que te presetas a ti mismo. Por ejemplo, si te encorvas en la silla durante una entrevista de trabajo o reunión, estas enviando una señal de indiferencia. Si te sientas hacia abajo en el asiento significa que estás aburrido o no te interesa la actividad que estás desarrollando. Sin embargo, cambiando tu lenguaje corporal, estarás sugiriendo que participas activamente y escuchas a tu interlocutor. Deberías sentarte derecho en la silla y un poco inclinado hacia adelante o ubicando tus manos sobre tu falda para demostrar una postura adecuada.

Otro modo de mejorar la comunicación no verbal es a través del contacto visual, no debería evitarse el contacto visual durante una conversación ya que es un indicio de que eres intimidante o no eres de confianza. Los ojos son canales de comunicación que transmiten señales a la otra persona y mantener el contacto visual durante la conversación enviará mensajes de que estás abierto a la comunicación.

También deberías prestar atención a tus modismos durante la conversación, como los gestos con las manos porque envían distinta clase de mensajes. Si hablas con tus manos a los costados del cuerpo, los demás pensarán que no estás cómodo contigo mismo. Deberías hablar libremente utilizando las manos y relajando tu cuerpo para poder captar la atención de quienes te estén escuchando. También es importante asentir con la cabeza cuando estás escuchando a alguien para demostrar que estás escuchando. Existen juegos para mejorar las habilidades de comunicación no verbal, algunos son juegos de rol.

Los beneficios y consecuencias de un lenguaje corporal eficaz

¿Qué más se puede lograr con un lenguaje corporal eficiente?

¿Alguna vez te has preguntado qué clase de información está disponible desde tu cuerpo? ¿Cuán importante resulta y quién puede leerla? ¿Sabías que ahora existe un interés creciente en obtener beneficios al aprender a interpretar esta área de la conducta humana dejada de lado? ¿Cuáles son los beneficios y las consecuencias de esta tendencia?

Elogios con lenguaje corporal eficiente, organizaciones eficientes

Uno de los puntos claves del a Era de la Información han sido realizar operaciones simplificadas y lograr organizaciones eficientes. Con el uso omnipresente de programas de hojas de cálculo y administración casi ningún proceso de negocio no ha sido ya analizado y reestructurado. Aunque se ha ahorrado mucho tiempo, energía y frustración incorporando máquinas y computadoras en nuestra vida cotidiana y nuestro trabajo, esta intensa atención a las soluciones tecnológicas nos han vuelto ciegos a la información que nuestros cuerpos incorporan y expresan. Nuestro cuerpo puede y suele contradecir y hasta boicotear nuestra tan ensayada comunicación verbal. ¿Cuán consciente eres de lo que te ocurre realmente?

El poder y la influencia de la Fuerza de Gravedad

Por ejemplo, observa cuán a menudo las personas piensan en la Fuerza deGravedad. La mayoría de nosotros damos por sentado esta increíble fuerza de atracción, de hecho, ¿quién tiene tiempo para pensar en la gravedad cuando hay cuentas que pagar, productos que vender o personas con quien encontrarse? Aún así, piensa sobre el poder que la fuerza de gravedad tiene para mantener al mundo en una pieza, hasta hace que la luna se quededonde está. Entonces eres bienvenido a maravillarte con la increíble cantidad de energía que muchos de nosotros utilizamos para resistir esta inevitable fuerza. Sólo por un momento piensa cuánto mejor podríamos sentirnos y cuánta más energía tendríamos, ¿cuánto mejor podríamos expresarnos sólo siendo conscientes de ello y trabajar un poco más alineados con la Fuerza de Gravedad?

Casi todos prestan poca o ninguna atención consciente al nivel de eficiencia que utilizamos para alinear nuestra postura con respecto a cómo tira de nosotros la gravedad. Ya que la curiosidad es una parte inevitable de nuestra naturaleza humana, sólo era una cuestión de tiempo antes de que la atención regresara a los beneficios de utilizar más eficientemente el lenguaje corporal. ¿Qué pasaría si ese momento ya hubiera llegado?

Conceptos básicos para leer el lenguaje corporal

Sal a caminar en un lugar muy concurrido y observa a tus congéneres humanos y cómo utilizan su postura para:

Caminar y se pararse mientras se inclinan hacia adelante, atrás o hacia un lado desafiando a la Fuerza de Gravedad. Colocan sus cabezas hacia adelante o atrás llamativamente fuera de su línea de gravedad, se contonean de un lado a otro mientras caminan hacia adelante. Dirigen sus pies en una dirección distinta con respecto a la que van caminando. Mueven los brazos mucho más de lo necesario para mantener el equilibrio. Se desbalancean tanto al caminar que sus zapatos se gastan en forma asimétrica.

Cada uno de estos movimientos nada esenciales requiere energía y esfuerzo para contrarrestar intencionalmentelo queFuerza de Gravedad les impone. También observa que los niños utilizan la fuerza más eficientemente, a medida que envejecemos y nos volvemos más intelectuales tendemos a ignorar la fuerza de la gravedad más y más. Utilizar la propia energía para resistir la gravedad es totalmente innecesario e insano si tratamos realmente de utilizar nuestra energía eficientemente. Si somos tan ciegos con respecto a lo que nuestros cuerpos están haciendo cuando se trata de nuestra postura, ¿qué tipo de efecto, consciente o inconsciente, puede tener este comportamiento con quienes nos estamos comunicando?

Las luces prendidas y no hay nadie en casa

Presta atención a cómo la mayoría de nosotros parecemos olvidarnos de lo que nuestros cuerpos están haciendo mientras vivimos el día. Muchos de estos movimientos son el producto de no ser conscientes de nuestro lenguaje corporal o de estar condicionados por la sociedad a ignorarlos. Sin importar el beneficio o su consecuencia adquiere un hábito el tiempo suficiente y crearás un nuevo patrón de comportamiento. Una vez que ese patrón esté en su lugar, no toma mucho tiempo formar parte de esa nueva identidad. Para la mayoría de nosotros este patrón se vuelve parte de lo que creemos ser. Aún estando heridos, si el dolor inicial que querías que desapareciera no está más; ese patrón de comportamiento y su tensión muscular suele olvidarse. Muchos van más allá y desperdician aún más energía y tiempo quejándose sobre lo cansados que se sienten. ¿Suena esto a utilizar los recursos en forma eficiente?

El lenguaje corporal eficiente suele ser información no deseada

Estás invitado a tratar de comunicarle a alguien acerca de tus observaciones. Si realmente te animas a aceptar este desafío, maravíllate al obtener la respuesta. Muchos se excusarán amablemente, aludiendo a una vieja herida. Otros lo considerarán un insulto que plantees eso "ya que ellos son así." Advierte cuantos te dicen gracias cálidamente por tu consejo y comienzan inmediatamente a ajustar sus ineficiencias. Si el conocimiento es poder, también podrás sentir que existe una oportunidad para aprender algo que la mayoría ignora.

Reflexionar sobre el lenguaje corporal consciente y eficiente

Lo más importante, estás invitado a reflexionar sobre el lenguaje corporal de las personas, sus patrones de comportamiento y sus respuestas a tus comentarios, lo que va a mostrarte sobre qué clase de personas están involucradas en ello.

¿Estos patrones parecen más o menos atractivos? ¿Estas más o menos predispuesto a adoptarlos? ¿Estás más o menos interesado en tomar ese consejo? ¿Su edad e inteligencia parecen afectarles en cómo te responden? ¿Quisieras que alguien de tu familia muestre estos patrones o que inviten a alguien a tenerlos? Como un obsequio, pregúntate cuál es su respuesta sobre sus habilidades con respecto a la curiosidad, una respuesta adaptativa o instintiva? ¿Qué pasa con tus propias señales de lenguaje corporal?

Hasta aquí hemos hablado sobre todas esas personas que te rodean. Aquí está la invitación a pararte delante de un espejo, realizar un inventario reflexivo sobre todas estas cuestiones y observar cómo se relacionan contigo y con tu lenguaje corporal.

¿Qué es lo que tu lenguaje corporal

comunica? ¿Cuán rápido eres para darte cuenta y acomodarlo? Dicho sea de paso, ¿cuántas personas alrededor tuyo podrían saber cómo interpretarlo?

El beneficio de entender el lenguaje corporal consciente

Existe una mina de oro aquí para quienes entiendan cómo interpretar, sentir y entender lo que el lenguaje corporal de la otra persona está demostrando. También hay un pozo vacante para quienes se den cuenta de lo que su propio lenguaje corporal está diciendo, al igual que hay un tercer premio importante para quienes entiendan que al acomodar su propio lenguaje corporal no sólo se sentirán más saludables y felices, sino que se volverán más atractivos e influyentes.

¿Tendrá algo que ver tu lenguaje corporal con tu éxito?

Parte 2

Introducción

Quiero agradecerle y felicitarle por haber comprado este libro.

Este libro contiene pasos probados y estrategias sobre cómo usar el lenguaje corporal en diferentes tipos de interacción social para conseguir distintos objetivos sociales.

Este libro le ayudará a entender y a poner en uso diferentes tipos de comunicaciones no verbales. Usando los principios y las instrucciones aquí mostradas, aprenderá cuáles son los mejores tipos de lenguaje corporal para usar en distintos tipos de situaciones sociales.

Al practicar estos principios, será capaz de mejorar muchos aspectos de su vida como sus relaciones, su carrera y su vida social en general.

Gracias de nuevo por la compra, y espero que lo disfrute.

Capítulo 1: Lenguaje corporal. El secreto de la comunicación no verbal

El estudio del lenguaje corporal no tiene mucho tiempo, y sin embargo ya nos ha contado mucho sobre la forma en la que socializamos con la gente de nuestro alrededor. El lenguaje corporal nos da el privilegio de entender los verdaderos motivos de las personas cuando se interactúa con ellas.

Antes de que empezásemos a aprender sobre el tema, veíamos el discurso como nuestro único medio para comunicarnos. Ahora hemos aprendido que, a parte del discurso, usamos formas no verbales de comunicación para hacer llegar nuestro mensaje de forma más efectiva. Usamos el lenguaje corporal pasivamente, para comunicar sin tener que pensar en ello.

Aunque todos nosotros usamos este lenguaje, no todo el mundo sabe como interpretarlo activamente. Estamos naturalmente programados para interpretar el lenguaje corporal, pero lo hacemos en un nivel subconsciente. Vemos los signos y las señales del lenguaje corporal de otras personas y reaccionamos a ellos. No obstante, la mayoría de nosotros no puede explicar por qué reaccionamos de una manera determinada a estas señales no verbales.

Esta es la razón por la cual estudiamos la comunicación no verbal. Si aprendemos cómo funciona el lenguaje corporal, seremos capaces de apreciar cómo funciona la mente. También podremos usar el lenguaje corporal activamente para conseguir nuestros objetivos personales.

Leer y reaccionar al lenguaje corporal de forma precisa es un poder que todavía tiene que ser completamente explorado. Para poder organizarnos, necesitamos analizar las diferentes partes del cuerpo y cómo se usan de forma pasiva. Solamente en nuestra cara existen muchos aspectos que se pueden observar al estudiar la comunicación no verbal. Los labios y los ojos son los que más atención reciben. Sin embargo, podríamos estudiar cómo se arrugan ciertas partes de la cara al sentir ciertas emociones.

Otro aspecto importante que necesitamos observar son los gestos. Los movimientos de las manos nunca suelen ser controlados. Cuando reaccionamos a un determinado estímulo, nuestros reflejos nos hacen movernos antes que podamos incluso pensar en hacer algo. Es un mecanismo de supervivencia que nos permite reaccionar rápidamente en caso de peligro. Estos gestos también son señales para decirle a la gente cómo nos sentimos y qué se nos pasa por la cabeza.

Nuestra postura es también una forma de comunicación no verbal. Cómo estamos, nos sentamos y andamos dice mucho de nosotros y de lo seguros que estamos. Cambiar nuestra postura al sentarnos cuando conocemos a alguien atractivo, por ejemplo, es una forma muy común de usar el lenguaje corporal.

Importancia del lenguaje corporal

Nuestro lenguaje corporal afecta no solo a nuestra forma de hablar, sino a nuestro éxito en nuestras carreras, economía y vida familiar. Cualquier profesión que implique interacción con gente puede aprovechar el lenguaje corporal. Al aprender cómo lo usamos, podemos controlar una habilidad que muy pocos han conseguido dominar.

Si queremos controlar los mensajes no verbales que enviamos, debemos controlar nuestro lenguaje corporal.

Capítulo 2: Mejorando su carisma y su capacidad de persuasión

El carisma y la persuasión van de la mano. Si se tiene carisma, la persuasión es fácil de conseguir. Las personas carismáticas tienen muchas características beneficiosas, que incluyen movimientos corporales agradables cuando se encuentran ante una multitud. Podemos ser carismáticos usando el lenguaje corporal.

El carisma o el encanto son nuestro grado de simpatía. Para ser capaces de construir carisma, necesitamos crear una buena impresión en la gente que nos rodea. No debemos solo tener una buena relación con ellos, debemos hacerles sentir importantes.

Hacer llegar el mensaje correcto

Si se quiere usar el lenguaje corporal para ser carismático, se deben aprender las características que hacer que una persona sea atractiva. Hay algunas respuestas obvias como la confianza y la seguridad emocional. La gente se siente atraída por el carácter misterioso, pero también quieren cierto grado de previsibilidad. Hay que encontrar el equilibrio entre ambas.

La gente agradable emite un aura positiva y permite a los demás ser ellos mismos. También son astutos al interaccionar. No muestran una confrontación directa hacia otras personas. Llevan a cabo sus batallas sociales tras el telón, donde los demás no los pueden ver en un conflicto.

Ahora que sabemos qué cualidades hacen que una persona sea agradable y carismática, es momento de aprender cómo incluirlas en nuestro lenguaje corporal. La confianza puede mostrarse al estar o sentarse recto mientras se alza el pecho. Mantener el cuello recto también nos hace parecer seguros de nosotros mismos.

Seremos más convincentes y persuasivos si elegimos el momento correcto para sonreír. No se debe sonreír cuando la situación es tensa. Hacerlo en estos momentos es señal de debilidad y sumisión. Sólo se debe sonreír cuando se está verdaderamente feliz.

También hay que hacer uso de gestos

socialmente aceptables cuando se conoce gente nueva. Estos varían de cultura en cultura, pero en las sociedades occidentales se usa el apretón de manos. Debe ser firme y se debe mirar siempre a la persona a la cual se está saludando. Esto dará una buena impresión de nosotros. Si se está convenciendo a alguien para un acuerdo o trato, un apretón de manos al comienzo de la reunión es una forma de preparación mental. Crea la idea de un acuerdo o trato cerrado. Si se hace esto, hay una alta probabilidad de que el acuerdo se cierre.

Una de las mejores formas de persuadir a los demás para que hagan lo que necesitamos es mostrarles que también beneficioso para ellos que nos sigan. Mucha gente lo lleva a cabo haciendo favores a los demás. Al hacer esto, se evoca la ley de reciprocidad en sus mentes. Se sienten obligados a hacer lo que les pidamos.

Nuestro poder para hacer esto será mas fuerte si mostramos a las personas que nos rodean que somos una persona importante a través de nuestro lenguaje corporal. Otras personas querrán hacer cosas por nosotros si piensan que somos importantes. Podemos hacerles sentir así usando los movimientos corporales carismáticos mencionados anteriormente.

Capítulo 3: Construyendo su poder de negociación

Las habilidades de negociación deberían mejorar considerablemente junto con la habilidad de usar la comunicación no verbal. Por ejemplo, si nos mantenemos encorvados durante una negociación, nuestro competidor pensará que somos débiles y esto les permitirá tener más confianza según la negociación avanza.

Igual que cuando mejoramos nuestra habilidad de persuasión, también deberíamos mostrar poder en la mesa de negociación. Deberíamos empezar siempre con un apretón de manos firme. Esto hará que nuestro rival se muestre cauteloso y sea consciente de que somos la persona más poderosa en la habitación.

Al negociar debemos robar a nuestro rival el privilegio de nuestra atención completa cuando esté hablando. Cuando declaren su reclamo o cuando intenten que aceptemos sus términos, escuchémoslos, pero que parezca que nuestra atención está dividida. Podemos mirar a la ventana mientras están hablando, o arreglar nuestra ropa mientras intentan hacernos escuchar. Cuando estén hablando, que nunca parezca que estamos comprometidos con su mensaje. Podemos añadir interjecciones que interrumpan su discurso, también. Algunos ejemplos de palabras que podemos usar son "realmente", "interesante", "mmm". Estas palabras pueden hacer que uno piense que estamos escuchando, cuando realmente nuestra verdadera intención es interrumpir su cadena de pensamiento.

Debemos tomar el escenario siempre que podamos cuando estemos en la mesa de negociación. Hay que interrumpir a la otra parte siempre que no estemos de acuerdo con lo que esté diciendo. En este tipo de reuniones, la oportunidad de hablar es una forma de poder. Si tenemos más oportunidades para hablar, tendremos más oportunidades para cerrar el acuerdo y convencer a las otras partes de los términos que queremos. Cuando interrumpimos a los demás cuando están hablando, hay que asegurarse que nuestros gestos son exagerados y fácilmente visibles. Levantarse de repente, por ejemplo, atraerá de seguro la atención de los demás y dejarán de hablar. Cuando lo hagan, es momento de tomar la palabra. Debemos asegurarnos de que siempre sabemos de lo que hablamos y de no dudar nunca cuando estemos hablando. Podemos conseguirlo asegurándonos de que siempre llegamos preparados a la negociación preparados.

También debemos ser conscientes de las señales que indican que nuestro rival se está cansando y que es momento de cerrar el acuerdo bajo nuestros términos. Suspirar y bostezar son las señales más obvias, pero debemos estar atentos para detectar otras como bajar los hombros o la caída de los ojos. Cuando estamos cansados y hemos estado sentados en la misma posición durante algún tiempo, nuestra postura tiende a sufrir.

Cuando tengamos la palabra, nuestra energía debe estar alta y debemos asegurarnos de que nuestro mensaje se transmita de forma convincente. Nuestro dominio nos impedirá mostrar signos de debilidad. A medida que nos volvamos más dominantes como negociadores, seremos capaces de cerrar más acuerdos bajo nuestras condiciones y nunca dejaremos que las ideas de los demás nos detengan.

Capítulo 4: El lenguaje corporal mejora nuestras habilidades comunicativas

Una persona consciente del lenguaje corporal sabe cómo hacer llegar los mensajes correctos tanto en situaciones verbales como no verbales. Existen muchos libros que enseñan a usar el lenguaje y el discurso para ser un comunicador excelente. Este libro se centrará en las habilidades de la comunicación no verbal que pueden usarse para mejorar cómo hacer llegar nuestros mensajes y conseguir la respuesta correcta.

Los grandes comunicadores muestran un interés genuino

Un buen comunicador puede hacernos sentir cómodos al empatizar con nosotros. Nos sentiremos bienvenidos y felices de hablar con ellos porque sentimos que tienen interés en lo que están diciendo. Si queremos mostrar ese interés en otras personas, debemos mirarlos de forma constante mientras estén hablando. Nuestra posición corporal debería estar orientada hacia ellos. Inclinar la cabeza suavemente les permitirá saber que estamos escuchando.

Los grandes comunicadores muestran que tienen el mensaje bien pensado

Podemos lograr esto asegurándonos de que redactamos los mensajes de forma apropiada antes de decirlos. Esto nos permitirá evitar sonidos de relleno como "um" o "eh" al hablar. Podemos darle más fuerza al mensaje a través de gestos para asegurarnos de que se recibe correctamente. Los gestos rápidos hacen a la gente pensar que estamos seguros de lo que decimos. Practicar nuestros gestos en frente de un espejo hará que salgan de forma natural cuando estemos enviando un mensaje.

Los grandes comunicadores mejoran sus habilidades no verbales

Una de las mejores maneras de mejorar nuestras habilidades es siguiendo a un mentor en nuestro trabajo o en nuestra familia. Todos tenemos a una persona a la que respetamos. Nos gusta estar cerca de ella y adoramos oírlos hablar y moverse y gesticular. Es recomendable encontrar a un mentor en nuestra vida familiar o profesional al que imitar.

Cuando les observemos, hay que estudiar sus hábitos y maneras que otras personas no tienen. Pueden ser gestos pequeños, expresiones faciales o una forma de hablar. Deberíamos tomar nota de los cambios en cómo se posicionan frente a varios tipos de confrontaciones. Observemos la diferencia en su posición de pie o sentados cuando están relajados a cuando están tensos.

Los grandes comunicadores son expertos en reflejar a su público

Cuando estemos hablando con una persona que acabemos de conocer, podemos crear una relación mucho más rápido si imitamos sus movimientos. Esto da a la otra persona la impresión de que tenemos algo en común, lo cual hace que la situación sea más propicia para la comunicación, incluso entre extraños. Cuando imitamos el comportamiento de los demás, se abrirán más a sugerencias como hacer un favor o cerrar un trato.

Capítulo 5: El lenguaje corporal y la comprensión de las relaciones

Nuestro conocimiento en el uso del lenguaje corporal puede usarse en cualquier tipo de relación. Podemos usarlo para aprender sobre los intereses de otra gente en nosotros. También para conocer el estado de ánimo de nuestros familiares.

Detectar el interés

Según las estadísticas, cuando las mujeres muestran interés, se inclinan más por el uso del lenguaje corporal. Hablan menos con los hombres sobre sus intereses, pero se lo mostrarán de otras formas para hacer que ellos den el primer paso. No obstante, esto va en contra de las mujeres, porque muchos a muchos hombres no se les da muy bien detectar estas señales. Están programados para pensar que cualquier señal de simple amistad es una señal para dar el paso.

Detectar la ira

También es necesario detectar la ira entre las personas que nos rodean. Las mujeres tienden a mostrar la ira de forma distinta a los hombres.Los hombres son verbales y hablan directamente sobre su ira. Los hombres maduros hablan de forma lógica sobre las cosas que les molestan mientras que los hombres más inmaduros tienden a usar la transferencia de la ira. Las expresiones faciales de los hombres nos dirán fácilmente que están enfadados. Su mirada se vuelve más intensa y los músculos de la mandíbula se vuelven más pronunciados.

Las mujeres, por otra parte, muestra la ira evitando el tema que les hace sentir enfadadas. Cuando se les pregunta sobre ello, usarán expresiones típicas como "nada" o "lo que sea". Sabremos que están enfadadas porque intentarán no mostrar ninguna señal de atención cariñosa. Esta es su manera de mostrar la ira.

Saber cuándo ella pierde interés

Un hombre debería ser consciente de las señales que indican que una mujer está perdiendo interés en él para poder asegurarse de que la relación permanece intacta. En la mayoría de los casos, las mujeres tienden a retirar los signos de vulnerabilidad cuando pierden el interés. Intentan evitar mostrar partes del cuerpo que son sensibles al tacto como la muñeca y las zonas interiores de la parte superior del brazo. También evitarán mostrar el cuello. Las mujeres dominantes que no quieran mostrar vulnerabilidad querrán usar el espacio que las rodea. Cuando lleven bolso, las mujeres que no se sienten cómodas con el hombre con el que están se aferrarán a sus bolsos y no dejarán que el hombre se acerque.

Un hombre puede ganar el interés de una mujer de vuelta haciendo gestos que ella encuentre significativos. Cada mujer tiene una definición distinta de gesto significativo y es la responsabilidad del hombre conocer el gesto adecuado.

Capítulo 6: El lenguaje corporal mejora las habilidades sociales

Las habilidades de presentarnos de forma social son importantes en nuestra carrera y en nuestra vida social. Muchos arribistas en el pasado han creado personajes que usan cuando se encuentran en eventos sociales. Muy parecido a un actor cuando actúa, practican sus gestos, su forma de andar y su postura cuando están de pie. Solo con la práctica podemos recrear de forma consistente nuestro personaje y la mejor manera de practicar es asistir a eventos sociales siempre que se pueda.

Cuando estemos en dichos eventos, necesitamos tener objetivos claros de la imagen que estamos intentando proyectar. Si queremos que la gente piense que somos poderosos, necesitamos mostrárselo a través de cómo nos movemos. Cuando la atención de todos esté sobre nosotros, debemos saber cómo comportarnos. Nuestros movimientos y lenguaje corporal dicen un montón sobre los papeles que tenemos en la sociedad.

Muchas de las interacciones sociales se establecen con la primera impresión que damos a los demás. Debemos establecer nuestro personaje desde la primera vez que conocemos a una determinada persona. Si fracasamos al intentar establecer nuestra imagen deseada en este punto de la interacción social, será difícil cambiar la percepción de la gente de nosotros en un futuro.

Al establecer nuestra primera impresión, necesitamos considerar unos factores determinados. Primero debemos tener en cuenta la imagen que queremos proyectar. Nuestro objetivo es mostrar la imagen correcta a nuestra audiencia. Algunas personas practican los movimientos y los discursos que necesitan hacer llegar para ser capaces de establecer su imagen deseada. Deberíamos considerar nuestro uso del espacio. Los hombres, por ejemplo, tienden generalmente a tener una postura amplia para mostrar que son dominantes. Si ser dominante es nuestro objetivo, debemos hacer lo mismo. Aquí también se puede incluir el rango de movilidad que usamos cuando hacemos gestos. El apretón de manos es un factor importante que hay que tener en cuenta.

No necesitamos considerar estos factores cuando vayamos a eventos informales con amigos, pero son importantes si nos encontramos en situaciones profesionales como una entrevista de trabajo o cuando estemos discutiendo un acuerdo de negocios.

En casi todas las interacciones sociales, necesitamos asegurarnos de que parecemos poderosos. Para conseguir esta imagen, hay que elegir nuestra postura cuando estemos en frente de una multitud. La gente poderosa suele tener la postura en la que son más altos que los demás, o en la que les hace más prominentes. Debemos eejercer el mismo proceso de toma de decisiones al elegir dónde sentarnos en una mesa. Hay que evitar las posiciones donde parezcamos insignificantes o incómodos. Generalmente, estos son los sitios o lugares donde pareceremos pequeños o inestables.

Si queremos parecer amables, nuestro objetivo es mostrar interés genuino en la persona con la que estemos hablando. Si queremos jugar a la política, necesitamos saber en frente de quién estamos y hay que actuar de forma acorde basándonos en la posición del otro o en su poder. Usando el lenguaje corporal, conseguiremos de forma sencilla nuestros objetivos en situaciones sociales importantes.

Capítulo 7: Aprender el lenguaje corporal promueve la confianza en uno mismo

Una persona que sabe cómo actuar en público acabará ganando confianza en uno mismo en cualquier tipo de interacción social. Estar frente a un público y frente a gente nueva son algunas de las peores experiencias para algunas personas. Pero los grandes comunicadores prosperan en este tipo de interacciones. No se asustan por estas oportunidades porque saben que pueden ganar mucho de ellas.

También debemos considerar las cosas que ganaremos al tener confianza en nuestros movimientos corporales. Por ejemplo, mejoraremos significativamente nuestras relaciones. Si estamos solteros, tendremos una oportunidad mayor de tener éxito al conocer los tipos de hombres y mujeres que merecemos. Si ya estamos en una relación, seremos capaces de obtener información valiosa sobre esta, que puede usarse para guiar nuestro comportamiento.

Al tener confianza en nuestro lenguaje corporal, tendremos más oportunidades de mejorar otros aspectos de nuestra vida que requieran interacciones sociales. Podemos mejorar nuestra carrera, así como nuestra salud financiera. También conoceremos nuevas personas que pueden hacer que nuestra vida sea más interesante.

Ahora que somos conscientes del uso correcto del lenguaje corporal, deberíamos poner a prueba de forma continua los efectos de los diferentes movimientos del cuerpo en el comportamiento de las personas que nos rodean. Responderán de forma distinta a nuestros movimientos y, al ponerlo a prueba en situaciones sociales diferentes, seremos capaces de identificar cuales son más efectivos para usar en momentos importantes.

Los movimientos corporales tienen diferentes efectos en la gente que nos rodea. Existen factores que están presentes solo en nuestra situación única. En la mayoría de los casos, nuestra cultura, religión, edad y etnia tiene un efecto en la reacción de la gente hacia nuestro lenguaje corporal. Seremos solo capaces de aprender los tipos de lenguaje corporal más efectivos al practicarlos con los que nos rodean.

Deberíamos escoger los gestos que salen de forma natural. Los movimientos apropiados, gestos y expresiones adecuados a cada uno dependerán del tipo de cuerpo y de las preferencias al moverse. Al elegir los movimientos apropiados a nuestro cuerpo, ganaremos confianza al usarlos en frente de otras personas.

Capítulo 8: El lenguaje corporal y el liderazgo

No se puede ser un verdadero líder si no se consigue la confianza de los demás. La gente se inclina más a seguir a aquellos que muestran con su lenguaje corporal arrojo y confianza. Muchos consejeros políticos han realizado carreras basadas en hacer creer que algunas personas están hechas para liderar.

Podemos volvernos un líder más efectivo al mostrar el mismo gesto y las mismas expresiones faciales que muchos políticos famosos muestran. La próxima vez que el presidente aparezca en televisión dando un discurso, por ejemplo, podemos tomar nota de su posición y de los gestos que haga. Debemos observar cómo sus ojos miran, y como sus labios se mueven cuando habla. Cuando nos dirigimos a un gran grupo de gente, por ejemplo, nuestra primera reacción es sonreír para suavizar el momento. Mucha gente no seguirá a un líder que empiece su discurso con una sonrisa. Otras culturas ven las sonrisas como un signo de debilidad más que de fuerza.

Para ser un líder efectivo, deberíamos mostrar que somos el hombre o la mujer que deben hacer el trabajo. Esto se puede hacer demostrando que somos la persona al mando. La gente se sentirá así si mostramos dominancia sobre nuestros seguidores.

Un líder dominante es un experto al usar el contacto visual. Cuando está hablando, no tiene miedo de mirar a la otra persona a los ojos. Los movimientos visuales de líderes eficaces también tienden a estar controlados. Nuestra mirada debería estar donde nosotros queramos. Los movimientos de nuestros ojos deberían ser suaves y no rápidos. A muchos líderes tampoco les importa mirar a los demás durante mucho tiempo. Esto muestra confianza y fuerza. Miran a la otra persona con un fin funcional, para asegurarse de que no parecen groseros ni extraños.

Un líder dominante puede hacer que los demás se sientan bien con sus movimientos. Cuando están hablando con otras personas, hacen sentir a su audiencia que también son importantes. Lo hacen dejando que la audiencia sepa, a través de su lenguaje corporal, que está hablando directamente con ellos. Para hacer que nuestra audiencia sepa que nuestra atención está con ellos debemos mirarlos directamente con todo nuestro cuerpo. Mirarlos directamente a los ojos y hacer que nuestra voz sea más grave al hablar. Al llegar a partes más importantes de nuestro discurso, podemos entrecerrar los ojos. Muchas personas de éxito usan este tipo de mirada, como Donald Trump y Clint Eastwood.

Rebelándose contra la autoridad

Si alguien está intentando ejercer su dominio sobre nosotros, evitar ligeramente el contacto visual puede hacer que se sienta incómodo. Los padres suelen requerir que sus hijos los miren cuando hablan. Negarles la atención es similar a negarles el poder. Para hacer esto de manera efectiva, debemos mirar a un lado y mirar a algo durante un largo período de tiempo cuando la persona que está tratando de ejercer su autoridad sobre nosotros esté hablando. No debemos mirar hacia abajo porque es similar a la sumisión, parecido a cuando un niño mira hacia abajo cuando le están riñendo.

Cuando la persona que trata de ejercer su autoridad termine de hablar y sea nuestro turno de hacerlo, es el momento de mirarlos directamente a los ojos. Este es el momento en el que dejamos de rebelarnos contra la autoridad del otro y empezamos a ejercer nuestro propio dominio. Puede hacerse de una manera muy sutil.

Cuando un subordinado trata de oponerse a un líder, este no debe mostrar signos de debilidad o inmadurez. Evita al subordinado cuando este es fuerte e imponente. El líder solo los involucra con miradas y postura corporal cuando tiene la palabra y el poder para hablar.

Capítulo 9: Desarrollando la inteligencia emocional

Aprender sobre el lenguaje corporal nos permite ser conscientes de los pensamientos de las personas que nos rodean. Al interpretar correctamente los movimientos de otras personas, se nos da una idea de sus motivos y otros pensamientos.

Debemos usar este conocimiento para ajustar nuestro comportamiento en respuesta al lenguaje corporal de otras personas. Esto nos hará más sensibles a los sentimientos y disposición de los demás.

Nuestro conocimiento nos permite identificar los diferentes tipos de movimientos que las personas utilizan pasivamente e interpretar con precisión sus significados. No usamos un solo movimiento o gesto. Podemos hacer una interpretación más precisa si utilizamos más de una señal observable. Cuando utilizamos más de una señal y todas apuntan al mismo mensaje, entonces estamos más cerca de llegar a una buena conclusión.

Es importante recordar que debemos observar activamente los movimientos de otras personas para poder recopilar información. En este momento, debemos controlar nuestra atención y dejar de ser demasiado egocéntricos. Una de las percepciones más importantes que podremos obtener observando a los demás es sus emociones.

Por ejemplo, seremos capaces de separar la felicidad genuina de las falsas a través de las expresiones faciales de una persona. Es común entre los humanos mostrar nuestros dientes superiores cuando estamos contentos. Los párpados inferiores se elevan y los lados externos de los ojos comienzan a mostrar arrugas. Las mejillas también se elevan y las arrugas curvas comienzan a aparecer en los lados de nuestra sonrisa.

Esto es diferente de una sonrisa forzada. En este tipo de sonrisa, nuestros labios siguen sonriendo, pero los detalles finos como las arrugas y los párpados inferiores levantados suelen faltar. Cuando una persona es genuinamente feliz, la postura corporal es abierta y los movimientos son generalmente hacia adelante. Una persona que se retira de algo rara vez muestra felicidad.

La sorpresa, por otra parte, suele manifestarse con los ojos muy abiertos. Cuando estamos en este estado, hay temporalmente más luz entrando en nuestros ojos. Las arrugas comienzan a aparecer en la frente y la mandíbula tiende a bajar a medida que los músculos de la boca se relajan. Los hombros tienden a levantarse para permitirnos reaccionar ante cualquier amenaza que pueda haber causado la sorpresa.

Las personas que fingen sorpresa suelen actuar mal cuando imitan estas acciones. Tienden a decir que están sorprendidos, pero sus cuerpos no muestran ninguno de estos signos. Esto puede significar que anticiparon el evento desde el principio. Si dicen que están sorprendidos, entonces están tratando de engañarte por una razón.

El miedo también muestra signos similares de sorpresa. Ambas son reacciones emocionales ante cambios repentinos en el ambiente. Al igual que en una persona sorprendida, una persona que muestra miedo ha levantado las cejas, pero las suyos se mueven más cerca unas de otras. El espacio entre las cejas también mostrará algunas arrugas. El cuerpo también tiende a retroceder cuando tenemos miedo.

La tristeza, por otro lado, es una emoción que preferimos no mostrar a la gente que nos rodea. Es una emoción negativa que muestra un momento de debilidad. Se puede observar que una persona está triste si sus hombros están inclinados hacia adelante y todo su cuerpo carece de energía. Los lados internos de los ojos tienden a levantarse y los labios pueden temblar a veces. El lagrimeo de los ojos ocurre en casos extremos.

Al identificar la verdadera tristeza, felicidad, sorpresa y miedo, podemos volvernos más sensibles a los sentimientos de las personas que nos rodean y volvernos   más   inteligentes emocionalmente.

Capítulo 10: Mejorando sus relaciones usando el lenguaje corporal

Necesitamos el lenguaje corporal cuando buscamos y mantenemos relaciones.

Al principio de una relación, el lenguaje corporal se utiliza para llamar la atención de otra persona. Al iniciar una relación romántica con otra persona, debemos demostrar que estamos interesado en esa persona. Al mostrar interés en sus movimientosestamos enviando señales sin ser demasiado explícito y predecible.

Si la otra persona lee correctamente nuestros signos, puede hacer el primer movimiento. Si debemos hacer el primer movimiento nosotros, debemos hacerlo declarándolo a la persona que nos guste. En este caso, el lenguaje corporal se vuelve importante para preparar los pensamientos de la otra parte. Esto evitará que nuestro interés amoroso se escandalice demasiado con nuestra propuesta de relación.

Podemos mostrar signos de interés hacia

otra persona usando todo nuestro cuerpo. Debemos tratar de ser sexy cuando nos mira. Cuando esa persona está hablando, hay que mirarla a los ojos. Los gestos sencillos pero oportunos también serán útiles para enviar las señales correctas. Las mujeres, por ejemplo, pueden morderse los labios cuando están solas con el chico que les gusta. Los chicos, por otra parte, deben usar contacto visual cercano cuando están en la misma situación.

También se puede observar cómo actúan otras personas cuando están con alguien que les gusta. Por lo general, enderezan la espalda y mejoran su postura. Otros cogen aire para evitar que les salga tripa. Estas acciones nos hacen ver más sanos, por lo tanto, mejores parejas.

Los hombres y las mujeres actúan de manera diferente en estas situaciones. Los hombres, por ejemplo, enderezan la espalda para que parezca alta con el pecho prominente. Esto hace que parezcan orgullosos y fuertes como debería ser un hombre ideal en una relación. Los hombres también tienden a volverse más activos con los movimientos de sus brazos tratando de mostrar su fuerza mostrando sus músculos. La mayoría de los hombres lo hacen porque creen que esto los hace parecer más atractivos para el sexo opuesto.

Las mujeres, en cambio, suelen inclinar la cabeza hacia un lado. También es común ver a una mujer mover el cabello y exponer su cuello. Una mujer también puede estirar la espalda y ajustar su cabello para hacer su cara más visible. Estos gestos muestran una vulnerabilidad que normalmente tiene la intención de decirle al hombre que haga el movimiento. Una mujer que muestra su cara también está mostrando confianza.

Al igual que los otros tipos de lenguaje corporal que se encuentran en otros capítulos, usualmente hacemos estos gestos sin pensar en ellos. Ahora que somos consciente de ello, podemos usar nuestros conocimientos para observar a las personas que nos rodean.

También es importante que mantengamos tales gestos incluso cuando ya estamos en una relación. A menudo dejamos de intentarlo cuando hemos estado en una relación durante mucho tiempo y esta actitud nos impide mostrar el lenguaje corporal correcto.

Haciendo activamente estos movimientos, podremos mostrarle a nuestra pareja que todavía tiene cualidades positivas como una gran pareja, incluso cuando ha estado en la relación por mucho tiempo.

Conclusión

¡Gracias de nuevo por comprar el libro *El manual de uso secreto del lenguaje corporal y la comunicación no verbal*!

Estoy muy emocionado por poder transmitiros esta información, y me hace feliz que ahora que lo habéis leído podáis incorporar estas estrategias al avanzar.

Espero que este libro haya sido capaz de ayudaros a entender los principios del uso del lenguaje corporal y cómo usarlos en varias situaciones sociales.

El siguiente paso es empezar a usar esta información y, con suerte, tener una vida feliz y exitosa.

Por favor, no leáis esto y no lo apliquéis. Las estrategias de este libro solo podrán beneficiaros si las usáis.

Si conocéis a alguien que también le vendría bien esta información, por favor informadles de la existencia de este libro.

Para concluir, si habéis disfrutado este libro y sentís que ha añadido valor a vuestra vida de cualquier forma, por favor dedicad tiempo a compartir vuestras

opIniones y escribid una reseña en. Será
muy apreciada.
Muchas gracias y buena suerte.

www.ingramcontent.com/pod-product-compliance
Lightning Source LLC
Chambersburg PA
CBHW071310030726
47594CB00002B/380